FREDERICO BARBOSA

CONTRACORRENTE

Pro poeta-professor
Antonio Morais
este "Contracorrente" do
renitente epigono que
muito o admira, do
fundo de seus doentios
cérebro e coração.

18/01/2001

ILUMINURAS

2000

PARA SYLMARA:

EXISTIR!

PARA ELIS:

RESISTIR!

TENHO O INSTINTO DE NÃO ESCREVER – E PORTANTO DE NÃO PENSAR, DE NÃO APANHAR QUANDO VÊM AO PENSAMENTO – AS COISAS DE UMA VEZ. NO QUE SOU ANTI-POETA POR CARÁTER, POR RECUSA.

PAUL VALÉRY

TRADUÇÃO DE AUGUSTO DE CAMPOS

ÍND

1 POR RECUSA

POESIA E PORRADA

PARA JOSÉ DE PAULA RAMOS JR.

DE TANTO TOMAR PORRADA
PEDRADA CUSPE TAPÃO

ENGOLIR SAPOS
COBRAS E LAGARTOS

MASCAR RANCOR

SACO ROTO DE PANCADAS

EU
INSULTO
CALEI.

E PETRIFIQUEI
RECUSA MUDA
FEITO COISA SÓ RES-
SACA SÓ SONO SÓ RES-
SENTIMENTO.

MINHA POESIA NADA RALA
QUE DE IRA SE IRRIGAVA
SECOU
ESQUECIDA E RARA.

SÓ LIA E NADA
IMPACTAVA.

TÉDIO RECATO TÉDIO
NOS VERSOS ALHEIOS.

E EU REPETIA FALAS SAGRADAS
ESTANTE ESTÉRIL
MOTE METRALHA

NO ESFORÇO
DE RELEMBRAR
O INVERSO DO BOCEJO:

"ESTOU FARTO DO LIRISMO COMEDIDO"
"FERA PARA A BELEZA DISSO"
"TE ESCREVO FEZES"
"MAS AINDA NÃO É POESIA"

E AGORA QUE IMPERA O CHATO
O GESTO ECO
O VERSINHO PRÉ-PARNASO
O CORRETO DITO CERTO

PÉ NO GESSO
REGRADO
PÉ NO SACO

DISPENSO A POSE POLIDA
E DISPARO PETARDOS

INCERTAS PEDRAS
CHUTES FERIDAS
DE PÉ DESCALÇO

ARRISCO SEM META
OU METRO ESTIMADO.

EU
INSULTO
REVOLTO O GESTO.

SOLTO MINHA ROCHA EM VERSOS
PEDRAS-DE-RAIO
ESTRELAS CADENTES
CHUVA DE METEOROS INDIGESTOS.

PORRADAS, VINDE: VOLTEI.

CORPO E SOMBRA

DIÁLOGO COM UM POEMA ADOLESCENTE

EU, 1999 :

**SEI. TODO ORGANISMO
TRAZ EM SI
UM MECANISMO, VIVO,
BOMBA, RELÓGIO, SUICÍDIO
INSCRITO NO CÓDIGO,
PRONTO PARA EXPLODIR.**

**SEI. NENHUM CORPO
SE ESGOTA.
NENHUM CORPO, VIVO,
É MECANISMO.
AUTO-ESTRAGA-SE, DESISTE
DE RECONSTRUIR A SI.**

**HOJE SEI. NÃO BASTA
ACHAR SENTIDO.
O CORPO FAZ-SE, VIVO,
SOMBRA DE SI.
ENVENENADO, ENVELHECE
A SER-SE (EM SI) FIM.**

EU, 1979 :

SE ASSIM COM FIM
SER É SEM SENTIDO

QUE FARIA
SEM ESSE SILÊNCIO
ONDE OS RUMORES MORREM
OS HUMORES MUDAM
OS CORPOS (SECOS) RUGEM

SEM ESSA FENDA
ONDE NO FIM
CORPO E SOMBRA
SE EMBOLAM

QUE FARIA
SEM ESSA ONDA
SEM CARA
SEM SAÍDA

ONDE SER DURA UM SÓ INSTANTE
ONDE TODO INSTANTE
DERRAMA (NO NADA)
A IGNORÂNCIA DE TER SIDO

FARIA SENTIDO?

I, TEMPEST

VIVER INTEMPESTIVO
ESTRONDO RAIO RISCO
SEM ENSAIO ARRISCO

VIVOVIVOVIVOVIVO

DESEXISTIR

QUANDO EU DESISTI
DE ME MATAR
JÁ ERA TARDE.

DESEXISTIR
JÁ ERA UM HÁBITO.

JÁ DISPARARA
A AUTO-BALA:
COBRA CEGA SE COMENDO
COMO QUEM CAVA
A PRÓPRIA VALA.

JÁ ME QUEIMARA.

PONTES, ESTRADAS,
MEMÓRIAS, CARTAS,
TODA SAÍDA DINAMITADA.

QUANDO EU DESISTI
NÃO TINHA VOLTA.

PASSARA DO PONTO,
JÁ NÃO ERA MAIS
A HORA EXATA.

2 ENCONTROS DIVERSOS

PARA SYLMARA

RARO CANTAR

PRIMEIRO: 1985

PRIMEIRO, A CIDADE NOS ESCONDIA
SOB OS RELÓGIOS DO COTIDIANO.
OBJETOS SÓLIDOS NOS DISFARÇAVAM:
PAREDES, FACHADAS, PORTAS FECHADAS.

ALGUNS LUGARES PRIVILEGIADOS,
COMO AVENIDAS OU PRAÇAS IMENSAS,
OCULTAVAM, EM OLHARES DISPERSOS,
NOSSA FOME DO OUTRO, SONHO ADIADO.

AINDA ASSIM NOS VÍAMOS: INCAPAZES
DE SIM: DE FUGIR DO SONO DO LONGE.
CHEIOS DE DEDOS DOS MEDOS PASSADOS,
NOS PERDÍAMOS NA DIVERSIDADE.

DEPOIS: 1993

DEPOIS, OUTRA CORAGEM NOS DESVIA
DOS DESENCONTROS, MAR SUTIL DE ENGANO.
MIRAGENS LÍQÜIDAS NOS RESGATAVAM:
ONDAS, ESTRADAS, LEMBRANÇAS ALADAS.

DENSA PAISAGEM: SONHO PROJETADO
POR OLHOS SEM MARGENS, PORO QUE PENSA.
DESEJOS, REFLEXOS, NEXOS DIVERSOS
NOS REVELAVAM EM GESTOS CALADOS.

AGORA SIM NOS VÍAMOS: CAPAZES
DE SIM: DE SURGIR NO SONO DO LONGE.
CHEIOS DE NÓS, CEGOS ENTRELAÇADOS,
BROTÁVAMOS LUZ, EM MEIO À CIDADE.

HOJE: 1999

HOJE, CONTINUAMOS, DIA A DIA,
RARO CANTAR DE AMOR ENTRE OS ESCOMBROS.
MARGENS SÓLIDAS E ESCAPES SE CAVAM
NA TRAGÉDIA IMPRESSA E APRESSADA.

EM NOSSO CANTO ÍNTIMO, CERCADOS
DE LIVROS, BRANCAS SOMBRAS, RECOMPENSAS,
VIVOS ESFORÇOS, ÀS VEZES UM VERSO,
TRAMAMOS NÓS AO VENTO, DESATADOS.

INSISTIMOS, COMO POUCOS, TENAZES,
NO SIM: DE FULGIR NO SONO SEM LONGE.
CHEIOS DO RESTO, SEM CERTO TRAÇADO,
PLANTAMOS PLANOS DE VELHAS IDADES.

JEANS

A CARNE FORÇADA
SOB A CALÇA JEANS
QUASE EXPLODE
QUERENDO SAIR.

O TECIDO VIBRA
FIBRA A FIBRA
TRÊMULA GRADE
IMPLODIDO JARDIM.

ENQUANTO A CARNE
FLORA PURA
IMPLORA EM SI.

AD

BELEZA DISTANTE
DIZ TANTO
A QUEM TE SABE
AD
MIRAR.

SABIA

**EVITAVA SAIR
NAS MINHAS FOTOS.**

**FOI ENTÃO QUE EU VI:
ELA (MENINA) ENCOBRIA
O QUE A LENTE LUTAVA
POR DESCOBRIR.**

**E PIOR:
SABIA.**

LÁ

**ELA ERA LINDA E LOIRA
E ME VISITAVA ÀS TARDES.
FUMAVA MACONHA
CONTRA A MINHA VONTADE.**

**E EU, CARETA,
CHAPAVA.**

**ERA SÓ LARICA,
NA SUA MALÍCIA,
IRRACIONAL
IDADE.**

PAULISTANA DE VERÃO

BRANCA
SEGURA A SAIA
SURPREENDENTE E MÍNIMA
COMO QUEM NÃO
SE SABE MOSTRAR

NO CALOR
DESACOSTUMADA
INSEGURA
ATRAVESSA A RUA
REVELA-SE QUASE
SEM QUERER

BELEZA ZL
DESCOLADA
FINGIDA PEDRA
DESCE DA PENHA
RETRÔ QUERENDO-SE MODERNA

O VENTO
LEVA-LHE A QUASE
SAIA
E VÊ-SE A JÓIA
SURPRESA LAPIDADA

QUE DESAPARECE NA BOCA QUENTE
DO METRÔ

LH
AR
LUZ:
FUNDO
SALA CHEIA
SELADO E RÁPIDO
UM AR RARO UM RAIO
TRANS
PASSA
E
PER
FURA

CENAS
DE
SER
EIA
DE
CANTO
A
TENTA
E
MUDA
.

SONO DICIONÁRIO

PARA FRANCISCO PLATÃO SAVIOLI

PLANTOU PLÁTANOS EM PLENA
PAULISTA. MAS PLANTAS NÃO,
QUE CRESCEM SOLTAS NO ASFALTO
COMO GATOS OU MAGNÓLIAS.

SIM, PALAVRAS PALPITANTES
NO TEXTO FALSIFICADO.
ANTES SÍLABAS, RESQUÍCIOS
DE CASAS VELHAS, VERÍSSIMAS.

RACHA, FRINCHA, FISGA, FENDA:
LENDA ANTIGA SONOLENTA
NO PALIMPSESTO PAULISTA.

PALAVRAS SIM, ESQUECIDAS,
QUE SÓ VOCÊ ACORDARIA
DO FALSO NO DICIONÁRIO.

MALLARMÉ FALSIFICADO

— VOCÊ BATE COM UM DEDO SÓ?
UM POETA PREMIADO?

— POR ISSO MESMO:
SOU POETA POR PREGUIÇA.

QUEM PRECISA DE PRESSA,
SE PODE POSAR
DE PRECIOSISTA?

MENINA LENDO

PARA ELIS

NO SOFÁ DA SALA,
GATO T.S.
SOBRE AS PERNAS,
ELA LÊ.

NA CAMA DO QUARTO
– DESARRUMADO –
ENTRE
DESENHOS NAS PAREDES,
SONHO DE CERVANTES,
O MESMO GATO
POETA MIMADO,
IDÉIAS, RECADOS, FOTOS:
TANTOS AMIGOS
TAMANDARÉ,
NOSSA GRÉCIA,

SONHOS DE SER.

NO ELEVADOR, NA PISCINA,
SOB O SOL DE PE.
NO CARRO, NA BANCA,
EM FRENTE À TV.

DE OUVIDOS FECHADOS
E OLHOS ESPERTOS,
SEM SE SABER,
(TÃO LINDA)
ELA LÊ.

UM LIVRO, ASSIM,
É MAIS QUE LETRA LIDA,
É COISA, É VIDA.

MEMÓRIA SE

A MAIS ÍNTIMA
MEMÓRIA SE
DESDOBRA CEGA
E SURDA:

A PRESENÇA TÁTIL
DE SUAS DOBRAS
INCRUSTADAS
NAS MARCAS LINHAS
DAS MINHAS MÃOS.

O GOSTO REDONDO
DO SEU CORPO
NA RETINA LÍNGUA
DO MEU GESTO
OU ROSTO.

E SEU PERFUME
RIO RISO COLORIDO
ESCORRENDO
SOBRE O CORPO
SOPRO E CALOR.

MEMÓRIA SE
DESEJA. O RESTO,
SE OUÇA OU VEJA.

TROCADOS DA SORTE 3

BR-116

UNS TAPAM BURACOS NO ASFALTO
E PARAM. POSTES,
ESTÁTUAS MACABRAS
ESPERAM TROCADOS:
A SORTE.

OUTROS VENDEM FRUTAS
NO ATRASO DAS LOMBADAS.

UNS ATACAM VIDROS FECHADOS
E GRITAM. VOZES
VEDADAS, LENTAS,
ESMOLAM SOBRAS,
COM SORTE.

OUTRA, PROSTITUTA
NO ANOITECER DA ESTRADA.
ESTRIAS DO MALTRATO,
TRAÇOS DA MISÉRIA
SOBRE O CORPO NU.
CORTES.

TODOS TRISTES TRAPOS,
CICATRIZES DE VIAGEM,
RUGAS TÍMIDAS DE VIDA,
RECADOS TÉTRICOS DA MORTE.

TODOS
– UM PAÍS –
TROCADOS DA SORTE.

RABO DE FORA

**ESCONDEMO-NOS DA MISÉRIA
ATRÁS DE PORTARIAS
VIDROS FECHADOS
(MEU PAI ME COMPROU
UM AR-CONDICIONADO)**

**ESCONDEMO-NOS DA MISÉRIA
VIRANDO A CARA NO SINAL
SEGURANDO AQUELE EMPREGO
(MEU PATRÃO ME OLHOU
DESCONFIADO)**

**ESCONDEMO-NOS DA MISÉRIA
ATRÁS DA TV
NA TRINCHEIRA DO LAR
(MEU COLEGA QUASE FOI
ASSASSINADO)**

**ESCONDEMO-NOS DA MISÉRIA
FUGINDO DA FOME
DE SER ALHEIA
(MEU MEDO ME LIMITA
A MOVER-ME SÓ VENDADO)**

QUANDO CHOVE

EM SÃO PAULO, QUANDO CHOVE,
CHOVEM CARROS.

TUDO PÁRA:
PONTES, VIADUTOS, MARGINAIS.

E A ÁGUA RETOMA
SEU CURSO ORIGINAL:
ANHANGABAÚ, SUMARÉ, PACAEMBU.

RUAS ONDE ERAM RIOS,
EX-RIOS, CAMINHOS DE RATO, CANAIS.
RIOS SOBRE RUAS,
ELEVADO, VIA DUTRA, RADIAL.

EM SÃO PAULO, QUANDO CHOVE,
CHOVEM APOCALIPSES
DE QUINTAL.

RATOS

TEM SEMPRE UM CHATO
EM CADA CANTO
MULTIPLICANDO-SE
HIPÓCRITA
FALSO SANTO.

TEM SEMPRE UM TONTO
EM CADA SALA
MULTIPLICANDO-SE
PERDIDA BALA
BABANDO SANGUE.

TEM SEMPRE UM CHATO
MULTIPLICANDO-SE
COMO RATO TONTO.

DESFILE

FIQUE À VONTADE!

GAROTAS EM FILA
OFERECENDO MASSAGEM.

PASSAM CORPOS
EM DESFILE LENTO.
UMAS SÃO SEIOS
OUTRAS MOLEJO.
UMAS SÃO PERNAS
OUTRAS DESPREZO.

EXPOSTAS EM SÉRIE,
SE PENSAM MIRAGENS:
SÃO PEIXES NA AREIA,
SEREIAS DE PASSAGEM.

DITADURA DA POPULARIDADE

—

O POVO ESTÁ NO PODER: DITA.
É MERCADO, É OPINIÃO
SEM FACE. É A MISÉRIA
DA POPULARIDADE.

SÃO PADRES CANTANTES,
MOÇAS NA DANÇA.
LEVE A MÚSICA
E O GESTO LEVE,
CRENÇA, BUNDA E SABONETE.

II

AS PESQUISAS DITAM.
MANDAM: O POVO ESTÁ
SEMPRE CERTO. O POVO É,
O POVO QUER, O POVO
DEMANDA, O POVO
RECLAMA.

MANDAM: SEJA APENAS
A MESMA MERDA
QUE O POVO
AMA.

III

MANDAM: SEJA AEROMOÇA NA VIDA.
SORRIA SEMPRE: BAILARINA MEDÍOCRE.
FAÇA-SE MÉDIA. DESCONSIDERE-SE.

NÃO PENSE, NUNCA FAÇA PENSAR,
NÃO SEJA IRÔNICO,
DIGA SÓ O QUE QUEREM: OUVIR-SE
NO ESPELHO DA MESMICE.

DEIXE-SE XINGAR, ENTREGUE-SE,
VENDA-SE DE CORPO E ALMA.

E, ACIMA DE TUDO, CALMA:
NUNCA RECLAME
(DES)CONTENTE(-SE) E CALE-SE.

IV

CRIE-SE COMO IMAGEM,
(VAZIO MARCANTE)
MARQUE-SE,
MIGALHE-SE,
SEJA SÓ O VELHO,
ESPALHE-SE FARELO.

ANULE-SE: ANÚNCIO
REFRESCANTE,
SEJA REFRIGERANTE
ANTA ANTE.

V

ENSINAM ASSIM:
COMO QUEM HOJE
CANTA.
BAJULE, PUXE,
SEJA BANAL.
PULE, GRITE,
APAGUE-SE NAS LUZES.
TRANSFORME TODO SOM
POEMA PROBLEMA
EM APELO SEXUAL.

APELE: SALVE SUA PELE.

VI

MEDALHÕES, POMADAS.
(MACHADO VENDO ANTES)
PALHAÇOS, PATETAS, ENGANADORES,
FALSOS MAGOS, PSEUDOPOETAS,
PROFESSORES:

UNI-VOS NO SEGREDO DO BONZO.

O POVO JULGA, JOGA
PEDRAS, O POVO
É SÁBIO, SABE:
QUEM PLANTA PÉROLAS
COLHE TEMPESTADE.

4 NA PASSAGEM

PIOR DO QUE A MORTE

10/10/99

PARA J.C.

O PIOR É QUE DIZEM: REZOU

ELE QUE SEMPRE FOI CONTRA
DO CONTRA, ATEU
AGORA QUE ZEROU
CREU?

ELE QUE SABIA QUE A VIDA É COISA
DE SEMPRE NÃO
SEM FÓRMULAS FÁCEIS
NEM SAÍDAS PARA A DOR
DE CABEÇA
DE PENSAR
DE SER SEM CRER

ELE QUE SABIA QUE NÃO HÁ ASPIRINA
CONTRA O BOLOR

LOGO DIRÃO QUE SE INSPIROU
E COMPÔS DE IMPROVISO
UM SONETO VENDIDO
DOS QUE SEMPRE ENFRENTOU

DIRÃO AINDA QUE SE CONVERTEU
E DEFENDEU A VIDA DEVOTA
A PACIFICAÇÃO BOVINA
A PRÉDICA DOS PASTORES

(VERBO E VERBA:
PRAGAS VELHAS)

E QUE SE ARREPENDEU DO PECADO
DE SER EXATO, CLARO E ENJOADO

VIDA, TE ESCREVO MERDA
ÀS VEZES FEZES, MAS SEMPRE MERDA
FINGIDA FLOR, FELIZ COGUMELO
CAGA E MELA
SEMPRE SEVERA E CEGA
MERDA

TRISTE É DEPENDER
DE RELATOS CAROLAS
ACADÊMICOS, CARTOLAS

TRISTE É DEPENDER
DA LEITURA ALHEIA
FÁCEIS FALÁCIAS: FARSAS

TRISTE É DEPENDER
DOS OLHOS DOS OUTROS
DE VOZ DE FALSAS SEREIAS

TRISTE É NÃO PODER MAIS
SE DEFENDER

MAS
UM AQUI, JOÃO,
INCERTO, GRITA
E INSISTE EM NÃO CRER
NA SUA CRENÇA REPENTINA
QUE A MORTE (SUA) DESMINTA A OBRA (SUA) VIDA

UM AQUI, JOÃO,
O TEM POR CERTO:
É MAIS DÍFICIL O NÃO
CRER, NÃO
CEDER, NÃO
DESCER, NÃO
CONCEDER. NÃO

NÃO, NÃO OROU

T.S. ELIOT

"THIS IS THE WAY THE WORLD ENDS NOT WITH A BANG BUT A WHIMPER"

31/12/99

10

QUANTOS SONHOS SE DISSOLVEM
HOJE
NA PASSAGEM
NESSA HORA EXATA
NESSA DATA
NA CONTAGEM FINAL

9

COMA GRITE PULE CELEBRE
ESQUEÇA
QUANTAS VIDAS PROMESSAS
QUE MERAS
COMO AS NOSSAS
MORREM
QUANTAS DESVIVIDAS
PÁLIDAS VAGAS
ONDAS ALQUEBRADAS

8

SÃO? SOMOS? SOMBRAS DE ASSOMBROS?

7

MELHOR ASSIM
ABRA A GARRAFA
SEM SE INDAGAR
SÓ
ROLHAS E BOLHAS
LEVES
NÃO SE PENSE
BEBA-SE
LEVE LEVE
COMO BRUMA
PLUMA
ULTRA-LEVE-SE

6

COMEMORE
MAS SEM MEMÓRIA
DO QUE ERA
QUERER SER
NEM SE LEMBRE
DO QUE
(NÃO)
FIZEMOS
(DE)
NÓS

5

NOSSAS ESPERANÇAS RANÇO
ESQUEÇA
DANCE CANTE CAIA NA FARRA
DEIXE QUE O VENTO
VARRA
NOSSA IDADE
O VÁCUO
A VERDADE

4

QUANTOS FILHOS EU FIZ
ABORTADOS
QUANTOS LIVROS NÃO ESCREVI
QUANTAS ÁRVORES DEIXEI CAIR

3

AGORA QUE CHEGOU O DIA
NESSE FIM DE SÉCULO
SOU SÓ ESPECTRO
DO QUE PODERIA
DE MIM

2

VOCÊ SE LEMBRA
BEM
QUEM
SERIA NESSE MOMENTO?
LAMENTO

1

**SOMOS RESTO
OCOS SECOS SOCOS ECOS
FRACASSO FINAL
AIDS DEPRESSÃO DESEMPREGO
NOVA IDADE MÉDIA
SEM SONO SEM PESO
SEM SONHO SEM PESADELO
DE TODO DESEJO
O FIM**

0

CHEGAMOS À NOVA ERA E ELA JÁ ERA

ALGUMAS PALAVRAS PARA FRED

ANTONIO RISÉRIO

FREDERICO (FRED) BARBOSA FICA NUM EXTREMO LUMINOSO, QUASE SOLITÁRIO. NUMA PONTA DISTANTE, MUITO DISTANTE, DAQUELA EM QUE ANCOROU, EM BARCO DE MÍNIMO ALCANCE, QUEM ACHAVA QUE, PARA SER POETA, O SUJEITO ERA OBRIGADO A NÃO SABER O QUE ERA UM POEMA. IGNORÂNCIA QUE, SE ASSUMIDA POR UM MÚSICO, LOGO REVELARIA O ABSURDO DESSA POSTURA PROVINCIANA; PARA TOCAR VIOLINO, MELHOR VIRAR AS COSTAS A QUALQUER INSTRUMENTO DE CORDAS... O PROBLEMA É QUE ISSO ACONTECEU — E FOI CELEBRADO. SOB O BAIXO PATROCÍNIO DE ALGUNS PROFESSORES UNIVERSITÁRIOS RESIDENTES NO RIO DE JANEIRO, UM GRUPO DE GAROTOS CARIOCAS CHEGOU A ACREDITAR NESSE IMPASSE SEM NENHUMA MÁGICA. PARA SER POETA, ERA PRECISO SER ANALFABETO. SEMI-LETRADO. E VIRAR AS COSTAS À POESIA. REIVINDICANDO PARA SI MESMOS, O QUE É MAIS GRAVE, O AVAL ASTRAL DE OSWALD DE ANDRADE, **LIBERO PENSATORE** QUE JAMAIS CONFUNDIU A DEVORAÇÃO ANTROPOFÁGICA COM OS HIMENS COMPLACENTES DA "GELÉIA", RECLAMANDO ANTES, PARA A NOVA POESIA BRASILEIRA, NÃO A

IGNORÂNCIA TÉCNICA, MAS UM ACABAMENTO DE CARROSERIE. A LÍNGUA "NATURAL E NEOLÓGICA", SIM, MAS NÃO O DESCONHECIMENTO DA LÍNGUA — E DA LINGUAGEM.

DE OUTRA PARTE, FRED CONTINUA NUM EXTREMO LUMINOSO — E QUASE SOLITÁRIO.

E AQUI PODEMOS RECITAR OSWALD: CONTRA O GABINETISMO, A PRÁTICA CULTA DA VIDA. PORQUE FRED É UM POETA CULTO. MAS SE ACHA, TAMBÉM, MUITO DISTANTE DAQUELES QUE, APRENDENDO A RIMAR E A METRIFICAR, APRENDERAM APENAS ISSO. FRED NÃO TEM NADA A VER COM OS SORBONÍCOLAS (OU SUBSORBONÍCOLAS), DE QUE FALAVA O VELHO RABELAIS. COM ESSA GENTE QUE APRENDEU A FAZER TUDO CERTINHO, TUDO MUITO CERTO, CERTO ÀS VEZES ATÉ DEMAIS, MAS QUE NUNCA APRENDEU A ACERTAR NO — OU A ILUMINAR UM — ALVO. PORQUE É UMA GENTE QUE IMAGINA QUE O ALVO NÃO ESTÁ NO ESCURO DA CRIAÇÃO, E SIM EM "WATTS" REGULÁVEIS DE CADERNOS ESCOLARES, DE BANCOS CURRICULARES VICIADOS E DE ARES QUE JÁ NÃO SÃO ARES, MAS VENTOS CORROMPIDOS. É FÁCIL RECONHECÊ-LOS: IMITANDO HAROLDO DE CAMPOS, REDIGEM PARÁGRAFOS E MAIS PARÁGRAFOS PARA TENTAR SOBREPOR UMA MAQUIAGEM ERUDITIZANTE AOS VERSINHOS QUE PERPETRARAM, NA TENTATIVA DE TRADUZIR NINGUÉM.

FRED SE ACHA IGUALMENTE DISTANTE DOS QUE, CONJUGANDO VERBOS MUITO PARTICULARES, NÃO FAZEM OUTRA COISA SENÃO LUTAR, SUARENTAMENTE, POR UM SUPOSTO PODER

LITERÁRIO. ESTAMOS CHEIOS DISSO. DESSES OPORTUNISTAS PATOLÓGICOS. MAS FRED NÃO É UMA INVENÇÃO DOS REDATORES-MIRINS DE NOSSOS "CADERNOS" SUPOSTAMENTE CULTURAIS. NÃO SE ACOLCHOA EM GABINETES COM FINS DE AUTOPROMOÇÃO. NÃO PAPARICA COLUNISTAS E QUEJANDOS. NÃO É O AMIGUINHO — COLEGA DE ESCOLA! — DO DONO DO JORNAL. NÃO FAZ GÊNERO. EM SUMA: É UM POETA, MAS NÃO, NUNCA, UM EMPRESÁRIO DE SI MESMO. E ASSIM — EM MEIO AO INGÊNUO "MILK-SHAKE" DOS "MARGINAIS", À GRALHEADA BOÇAL DOS BONVICREELEYS E ÀS LEIS BUENOACHERIANAS DOS SORBONÍCOLAS — ELE VAI DANDO O SEU RECADO. DESPACHANDO AS SUAS PEDRAS. E PEDRADAS. E É POR ISSO MESMO QUE, NUM AMBIENTE INFESTADO POR TRUQUISTAS AUTOPROMOCIONAIS QUE NÃO AGRADAM, NÃO ALEGRAM E NEM AGRIDEM, FRED APARECE COMO UMA DIFERENÇA MAIS DO QUE SAUDÁVEL. POR UMA RAZÃO MUITO SIMPLES: FRED SABE ESCREVER. SABE COMPOR. E, PARA LEMBRAR UMA TEORIA DO VELHO E VENERÁVEL GARCÍA LORCA, ALÉM DE SE DAR CONTA DO QUE É UM POEMA, FRED "TEM DUENDE". TEM O DIABO NO MEIO DO REDEMOINHO DAS SUAS PALAVRAS PESADAS — E PENSADAS. NÃO TEM MEDO DE ASSUMIR A HERANÇA DE JOÃO CABRAL E DE AUGUSTO DE CAMPOS, ESSES MESTRES DA NEGAÇÃO E DA FALTA, DA CARÊNCIA E DA AUSÊNCIA, DOS CONTATOS IMEDIATOS COM UMA ENTIDADE A QUE CHAMARAM "EX-SER", EM PLANOS DE GALÁXIAS E DE FONEMAS. NA

VERDADE, FRED PARECE NÃO TER MEDO DE NADA. NEM DE SI MESMO — OU DO SEU PRÓPRIO SILÊNCIO. E É ISSO O QUE LHE CONFERE UMA GRANDEZA ESPECIAL. NUM PAÍS QUE TRANSFORMOU O HAICAI (A CONCISÃO NIPÔNICA) EM VEÍCULO DA TAGARELICE, FRED É UMA VIOLÊNCIA NECESSÁRIA. É A CONTUNDÊNCIA QUE TEM O DOM DE NOS REMETER À SIGNIFICÂNCIA DO QUE SE CHAMA POESIA.

É CLARO QUE ME SINTO LONGE DO SEU PESSIMISMO. UM NOVO MILÊNIO — UMA "NOVA ERA" — NÃO É APENAS UMA NOVA TOPADA. O BRASIL É, PARA MIM, SIGNO DE UM RENASCIMENTO, PERSPECTIVA DE UM PROJETO CIVILIZATÓRIO. MAS VOU ENCONTRAR FRED NUM SIGNO MUITO ANTIGO, **CHIAMATO AMORE**.

O ENCONTRO AMOROSO RETIRA O POETA DO MEIO DOS VATES, DOS EMBATES E DOS COMBATES DA CIDADE. DÁ-LHE MEIOS DE NOS TRANSFIGURAR A TODOS. E ME IMPRESSIONA O MODO VERBAL E EXISTENCIAL DESSA ALQUIMIA. AMADAS, VINDE: VOLTEI. SÓ QUE DESEJARIA UM IMPOSSÍVEL. QUE FRED DISSESSE: BRASIS, VINDE — VOU INVENTÁ-LOS. TALVEZ ESTEJA QUERENDO DEMAIS. O POETA NÃO É UM IDEÓLOGO. MAS DEIXE, FRED, QUE EU LHE PERTURBE, DEIXANDO AFLORAR ESSE DESEJO. EU QUERIA QUE AS TUAS BELAS PEDRAS — A SUA LINGUAGEM DE PORRADAS SECAS E DE PORRETADAS PARADOXALMENTE SUTIS — VOASSEM, MAIS DO QUE VOAM, PARA UM FUTURO CHAMADO BRASIL. DE QUALQUER MODO, TIRO — E RETIRO — O CHAPÉU PARA O QUE VOCÊ JÁ FEZ.

PROJETO GRÁFICO CARLOS FERNANDO

PRODUÇÃO JORGE PADILHA

REVISÃO SYLMARA BELETTI

IMPRESSÃO GRÁFICA VIDA E CONSCIÊNCIA

2000 - EDITORA ILUMINURAS LTDA
RUA OSCAR FREIRE, 1233 — SÃO PAULO — SP
TEL: (11) 3068-9433
FAX: (11) 282-5317
E-MAIL: iluminur@iluminuras.com.br
SITE: www.iluminuras.com.br

ISBN: 85-7321-126-1